U0578490

目錄

掃一掃聽有聲經典

音頻二維碼

三字經

人之初 性本善 性相近 習相遠

苟不教 性乃遷 教之道 貴以專

昔孟母 擇鄰處 子不學 斷機杼

竇燕山 有義方 教五子 名俱揚

養不教 父之過 教不嚴 師之惰

子不學 非所宜 幼不學 老何爲

玉不琢 不成器 人不學 不知義

爲人子　方少時　親師友　習禮儀
香九齡　能温席　孝於親　所當執
融四歲　能讓梨　弟於長　宜先知
首孝弟　次見聞　知某數　識某文
一而十　十而百　百而千　千而萬
三才者　天地人　三光者　日月星
三綱者　君臣義　父子親　夫婦順
曰春夏　曰秋冬　此四時　運不窮
曰南北　曰西東　此四方　應乎中

曰水火　木金土　此五行　本乎數

曰仁義　禮智信　此五常　不容紊

稻粱菽　麥黍稷　此六穀　人所食

馬牛羊　鷄犬豕　此六畜　人所飼

曰喜怒　曰哀懼　愛惡欲　七情具

匏土革　木石金　絲與竹　乃八音

高曾祖　父而身　身而子　子而孫

自子孫　至玄曾　乃九族　人之倫

父子恩　夫婦從　兄則友　弟則恭

長幼序　友與朋　君則敬　臣則忠
此十義　人所同
凡訓蒙　須講究　詳訓詁　名句讀
爲學者　必有初　小學終　至四書
論語者　二十篇　群弟子　記善言
孟子者　七篇止　講道德　説仁義
作中庸　子思筆　中不偏　庸不易
作大學　乃曾子　自修齊　至平治
孝經通　四書熟　如六經　始可讀

詩書易禮春秋　號六經　當講求
有連山　有歸藏　有周易　三易詳
有典謨　有訓誥　有誓命　書之奧
我周公　作周禮　著六官　存治體
大小戴　注禮記　述聖言　禮樂備
曰國風　曰雅頌　號四詩　當諷詠
詩既亡　春秋作　寓褒貶　別善惡
三傳者　有公羊　有左氏　有穀梁
經既明　方讀子　撮其要　記其事

五子者　有荀揚　文中子　及老莊
經子通　讀諸史　考世系　知終始
自羲農　至黄帝　號三皇　居上世
唐有虞　號二帝　相揖遜　稱盛世
夏有禹　商有湯　周文武　稱三王
夏傳子　家天下　四百載　遷夏社
湯伐夏　國號商　六百載　至紂亡
周武王　始誅紂　八百載　最長久
周轍東　王綱墜　逞干戈　尚游説

始春秋 終戰國 五霸强 七雄出
嬴秦氏 始兼幷 傳二世 楚漢爭
高祖興 漢業建 至孝平 王莽篡
光武興 爲東漢 四百年 終於獻
魏蜀吳 爭漢鼎 號三國 迄兩晋
宋齊繼 梁陳承 爲南朝 都金陵
北元魏 分東西 宇文周 與高齊
迨至隋 一土宇 不再傳 失統緒
唐高祖 起義師 除隋亂 創國基

二十傳　三百載　梁滅之　國乃改

梁唐晉　及漢周　稱五代　皆有由

炎宋興　受周禪　十八傳　南北混

遼與金　帝號紛　迨滅遼　宋猶存

至元興　金緒歇　有宋世　一同滅

并中國　兼戎狄　九十年　國祚廢

明太祖　久親師　傳建文　方四祀

遷北京　永樂嗣　迨崇禎　煤山逝

清太祖　膺景命　靖四方　克大定

至世祖 乃大同 十二世 清祚終

讀史者 考實録 通古今 若親目

口而誦 心而惟 朝於斯 夕於斯

昔仲尼 師項橐 古聖賢 尚勤學

趙中令 讀魯論 彼既仕 學且勤

披蒲編 削竹簡 彼無書 且知勉

頭懸梁 錐刺股 彼不教 自勤苦

如囊螢 如映雪 家雖貧 學不輟

如負薪 如挂角 身雖勞 猶苦卓

蘇老泉　二十七　始發憤　讀書籍
彼既老　猶悔遲　爾小生　宜早思
若梁灝　八十二　對大廷　魁多士
彼既成　衆稱異　爾小生　宜立志
瑩八歲　能詠詩　泌七歲　能賦棋
彼穎悟　人稱奇　爾幼學　當效之
蔡文姬　能辨琴　謝道韞　能詠吟
彼女子　且聰敏　爾男子　當自警
唐劉晏　方七歲　擧神童　作正字

彼雖幼 身已仕 爾幼學 勉而致
有爲者 亦若是
犬守夜 鷄司晨 苟不學 曷爲人
蠶吐絲 蜂釀蜜 人不學 不如物
幼而學 壯而行 上致君 下澤民
揚名聲 顯父母 光於前 裕於後
人遺子 金滿籯 我教子 惟一經
勤有功 戲無益 戒之哉 宜勉力

音頻二維碼

三字經

人之初　性本善　性相近　習相遠
苟不教　性乃遷　教之道　貴以專
昔孟母　擇鄰處　子不學　斷機杼
竇燕山　有義方　教五子　名俱揚
養不教　父之過　教不嚴　師之惰
子不學　非所宜　幼不學　老何爲
玉不琢　不成器　人不學　不知義

爲人子　方少時　親師友　習禮儀
香九齡　能温席　孝於親　所當執
融四歲　能讓梨　弟於長　宜先知
首孝弟　次見聞　知某數　識某文
一而十　十而百　百而千　千而萬
三才者　天地人　三光者　日月星
三綱者　君臣義　父子親　夫婦順
曰春夏　曰秋冬　此四時　運不窮
曰南北　曰西東　此四方　應乎中

曰水火　木金土　此五行　本乎數

曰仁義　禮智信　此五常　不容紊

稻粱菽　麥黍稷　此六穀　人所食

馬牛羊　鷄犬豕　此六畜　人所飼

曰喜怒　曰哀懼　愛惡欲　七情具

匏土革　木石金　絲與竹　乃八音

高曾祖　父而身　身而子　子而孫

自子孫　至玄曾　乃九族　人之倫

父子恩　夫婦從　兄則友　弟則恭

長幼序　友與朋　君則敬　臣則忠
此十義　人所同
凡訓蒙　須講究　詳訓詁　名句讀
爲學者　必有初　小學終　至四書
論語者　二十篇　群弟子　記善言
孟子者　七篇止　講道德　説仁義
作中庸　子思筆　中不偏　庸不易
作大學　乃曾子　自修齊　至平治
孝經通　四書熟　如六經　始可讀

詩書易禮春秋　號六經　當講求

有連山　有歸藏　有周易　三易詳

有典謨　有訓誥　有誓命　書之奥

我周公　作周禮　著六官　存治體

大小戴　注禮記　述聖言　禮樂備

曰國風　曰雅頌　號四詩　當諷詠

詩既亡　春秋作　寓褒貶　别善惡

三傳者　有公羊　有左氏　有穀梁

經既明　方讀子　撮其要　記其事

五子者　有荀揚　文中子　及老莊
經子通　讀諸史　考世系　知終始
自羲農　至黄帝　號三皇　居上世
唐有虞　號二帝　相揖遜　稱盛世
夏有禹　商有湯　周文武　稱三王
夏傳子　家天下　四百載　遷夏社
湯伐夏　國號商　六百載　至紂亡
周武王　始誅紂　八百載　最長久
周轍東　王綱墜　逞干戈　尚游説

始春秋　終戰國　五霸强　七雄出

嬴秦氏　始兼并　傳二世　楚漢爭

高祖興　漢業建　至孝平　王莽簒

光武興　爲東漢　四百年　終於獻

魏蜀吴　爭漢鼎　號三國　迄兩晋

宋齊繼　梁陳承　爲南朝　都金陵

北元魏　分東西　宇文周　與高齊

迨至隋　一土宇　不再傳　失統緒

唐高祖　起義師　除隋亂　創國基

二十傳 三百載 梁滅之 國乃改
梁唐晉 及漢周 稱五代 皆有由
炎宋興 受周禪 十八傳 南北混
遼與金 帝號紛 迨滅遼 宋猶存
至元興 金緒歇 有宋世 一同滅
并中國 兼戎狄 九十年 國祚廢
明太祖 久親師 傳建文 方四祀
遷北京 永樂嗣 迨崇禎 煤山逝
清太祖 膺景命 靖四方 克大定

至世祖　乃大同　十二世　清祚終

讀史者　考實録　通古今　若親目

口而誦　心而惟　朝於斯　夕於斯

昔仲尼　師項橐　古聖賢　尚勤學

趙中令　讀魯論　彼既仕　學且勤

披蒲編　削竹簡　彼無書　且知勉

頭懸梁　錐刺股　彼不教　自勤苦

如囊螢　如映雪　家雖貧　學不輟

如負薪　如挂角　身雖勞　猶苦卓

蘇老泉　二十七　始發憤　讀書籍
彼既老　猶悔遲　爾小生　宜早思
若梁灝　八十二　對大廷　魁多士
彼既成　衆稱異　爾小生　宜立志
瑩八歲　能詠詩　泌七歲　能賦棋
彼穎悟　人稱奇　爾幼學　當效之
蔡文姬　能辨琴　謝道韞　能詠吟
彼女子　且聰敏　爾男子　當自警
唐劉晏　方七歲　舉神童　作正字

彼雖幼　身已仕　爾幼學　勉而致
有爲者　亦若是
犬守夜　鷄司晨　苟不學　曷爲人
蠶吐絲　蜂釀蜜　人不學　不如物
幼而學　壯而行　上致君　下澤民
揚名聲　顯父母　光於前　裕於後
人遺子　金滿籝　我教子　惟一經
勤有功　戲無益　戒之哉　宜勉力

音頻二維碼

三字經

人之初 性本善 性相近 習相遠

苟不教 性乃遷 教之道 貴以專

昔孟母 擇鄰處 子不學 斷機杼

竇燕山 有義方 教五子 名俱揚

養不教 父之過 教不嚴 師之惰

子不學 非所宜 幼不學 老何爲

玉不琢 不成器 人不學 不知義

爲人子　方少時　親師友　習禮儀
香九齡　能温席　孝於親　所當執
融四歲　能讓梨　弟於長　宜先知
首孝弟　次見聞　知某數　識某文
一而十　十而百　百而千　千而萬
三才者　天地人　三光者　日月星
三綱者　君臣義　父子親　夫婦順
曰春夏　曰秋冬　此四時　運不窮
曰南北　曰西東　此四方　應乎中

曰水火　木金土　此五行　本乎數
曰仁義　禮智信　此五常　不容紊
稻粱菽　麥黍稷　此六穀　人所食
馬牛羊　鷄犬豕　此六畜　人所飼
曰喜怒　曰哀懼　愛惡欲　七情具
匏土革　木石金　絲與竹　乃八音
高曾祖　父而身　身而子　子而孫
自子孫　至玄曾　乃九族　人之倫
父子恩　夫婦從　兄則友　弟則恭

長幼序　友與朋　君則敬　臣則忠

此十義　人所同

凡訓蒙　須講究　詳訓詁　名句讀

爲學者　必有初　小學終　至四書

論語者　二十篇　群弟子　記善言

孟子者　七篇止　講道德　説仁義

作中庸　子思筆　中不偏　庸不易

作大學　乃曾子　自修齊　至平治

孝經通　四書熟　如六經　始可讀

詩書易　禮春秋　號六經　當講求
有連山　有歸藏　有周易　三易詳
有典謨　有訓誥　有誓命　書之奧
我周公　作周禮　著六官　存治體
大小戴　注禮記　述聖言　禮樂備
曰國風　曰雅頌　號四詩　當諷詠
詩既亡　春秋作　寓褒貶　别善惡
三傳者　有公羊　有左氏　有穀梁
經既明　方讀子　撮其要　記其事

五子者　有荀揚　文中子　及老莊

經子通　讀諸史　考世系　知終始

自羲農　至黃帝　號三皇　居上世

唐有虞　號二帝　相揖遜　稱盛世

夏有禹　商有湯　周文武　稱三王

夏傳子　家天下　四百載　遷夏社

湯伐夏　國號商　六百載　至紂亡

周武王　始誅紂　八百載　最長久

周轍東　王綱墜　逞干戈　尚游説

始春秋 終戰國 五霸强 七雄出
嬴秦氏 始兼并 傳二世 楚漢爭
高祖興 漢業建 至孝平 王莽篡
光武興 爲東漢 四百年 終於獻
魏蜀吴 爭漢鼎 號三國 迄兩晋
宋齊繼 梁陳承 爲南朝 都金陵
北元魏 分東西 宇文周 與高齊
迨至隋 一土宇 不再傳 失統緒
唐高祖 起義師 除隋亂 創國基

二十傳　三百載　梁滅之　國乃改
梁唐晋　及漢周　稱五代　皆有由
炎宋興　受周禪　十八傳　南北混
遼與金　帝號紛　迨滅遼　宋猶存
至元興　金緒歇　有宋世　一同滅
并中國　兼戎狄　九十年　國祚廢
明太祖　久親師　傳建文　方四祀
遷北京　永樂嗣　迨崇禎　煤山逝
清太祖　膺景命　靖四方　克大定

至世祖 乃大同 十二世 清祚終

讀史者 考實録 通古今 若親目

口而誦 心而惟 朝於斯 夕於斯

昔仲尼 師項橐 古聖賢 尚勤學

趙中令 讀魯論 彼既仕 學且勤

披蒲編 削竹簡 彼無書 且知勉

頭懸梁 錐刺股 彼不教 自勤苦

如囊螢 如映雪 家雖貧 學不輟

如負薪 如掛角 身雖勞 猶苦卓

蘇老泉　二十七　始發憤　讀書籍
彼既老　猶悔遲　爾小生　宜早思
若梁灝　八十二　對大廷　魁多士
彼既成　衆稱異　爾小生　宜立志
瑩八歲　能詠詩　泌七歲　能賦棋
彼穎悟　人稱奇　爾幼學　當效之
蔡文姬　能辨琴　謝道韞　能詠吟
彼女子　且聰敏　爾男子　當自警
唐劉晏　方七歲　舉神童　作正字

彼雖幼　身已仕　爾幼學　勉而致

有爲者　亦若是

犬守夜　鷄司晨　苟不學　曷爲人

蠶吐絲　蜂釀蜜　人不學　不如物

幼而學　壯而行　上致君　下澤民

揚名聲　顯父母　光於前　裕於後

人遺子　金滿籝　我教子　惟一經

勤有功　戲無益　戒之哉　宜勉力

音頻二維碼

百家姓

趙錢孫李　周吳鄭王　馮陳褚衛　蔣沈韓楊

朱秦尤許　何呂施張　孔曹嚴華　金魏陶姜

戚謝鄒喻　柏水竇章　雲蘇潘葛　奚範彭郎

魯韋昌馬　苗鳳花方　俞任袁柳　酆鮑史唐

費廉岑薛　雷賀倪湯　滕殷羅畢　郝鄔安常

樂于時傅　皮卞齊康　伍余元卜　顧孟平黃

和穆蕭尹　姚邵湛汪　祁毛禹狄　米貝明臧

計伏成戴　談宋茅龐　熊紀舒屈　項祝董梁
杜阮藍閔　席季麻强　賈路婁危　江童顔郭
梅盛林刁　鍾徐邱駱　高夏蔡田　樊胡淩霍
虞萬支柯　昝管盧莫　經房裘繆　干解應宗
丁宣賁鄧　郁單杭洪　包諸左石　崔吉鈕龔
程嵇邢滑　裴陸榮翁　荀羊於惠　甄麴家封
芮羿儲靳　汲邴糜松　井段富巫　烏焦巴弓
牧隗山谷　車侯宓蓬　全郗班仰　秋仲伊宮
寧仇欒暴　甘鈄厲戎　祖武符劉　景詹束龍

葉幸司韶　郜黎薊薄　印宿白懷　蒲邰從鄂
索咸籍賴　卓藺屠蒙　池喬陰郁　胥能蒼雙
聞莘黨翟　譚貢勞逄　姬申扶堵　冉宰酈雍
郤璩桑桂　濮牛壽通　邊扈燕冀　郏浦尚農
温别莊晏　柴瞿閻充　慕連茹習　宦艾魚容
向古易慎　戈廖庾終　暨居衡步　都耿滿弘
匡國文寇　廣禄闕東　歐殳沃利　蔚越夔隆
師鞏厙聶　晁勾敖融　冷訾辛闞　那簡饒空
曾毋沙乜　養鞠須豐　巢關蒯相　查後荆紅

游竺權逯　蓋益桓公　萬俟司馬　上官歐陽
夏侯諸葛　聞人東方　赫連皇甫　尉遲公羊
澹臺公冶　宗政濮陽　淳于單于　太叔申屠
公孫仲孫　軒轅令狐　鍾離宇文　長孫慕容
鮮于閭丘　司徒司空　亓官司寇　仉督子車
顓孫端木　巫馬公西　漆雕樂正　壤駟公良
拓跋夾谷　宰父谷梁　晋楚閆法　汝鄢涂欽
段干百里　東郭南門　呼延歸海　羊舌微生
岳帥緱亢　況后有琴　梁丘左丘　東門西門

商牟佘佴　伯賞南宮　墨哈譙笪　年愛陽佟

第五言福　百家姓終

音頻二維碼

百家姓

趙錢孫李　周吳鄭王　馮陳褚衛　蔣沈韓楊

朱秦尤許　何呂施張　孔曹嚴華　金魏陶姜

戚謝鄒喻　柏水竇章　雲蘇潘葛　奚範彭郎

魯韋昌馬　苗鳳花方　俞任袁柳　酆鮑史唐

費廉岑薛　雷賀倪湯　滕殷羅畢　郝鄔安常

樂于時傅　皮卞齊康　伍余元卜　顧孟平黃

和穆蕭尹　姚邵湛汪　祁毛禹狄　米貝明臧

計伏成戴　談宋茅龐　熊紀舒屈　項祝董梁
杜阮藍閔　席季麻強　賈路婁危　江童顏郭
梅盛林刁　鍾徐邱駱　高夏蔡田　樊胡凌霍
虞萬支柯　昝管盧莫　經房裘繆　干解應宗
丁宣賁鄧　郁單杭洪　包諸左石　崔吉鈕龔
程嵇邢滑　裴陸榮翁　荀羊於惠　甄麴家封
芮羿儲靳　汲邴糜松　井段富巫　烏焦巴弓
牧隗山谷　車侯宓蓬　全郗班仰　秋仲伊宮
寧仇欒暴　甘鈄厲戎　祖武符劉　景詹束龍

葉幸司韶 郜黎薊薄 印宿白懷 蒲邰從鄂
索咸籍賴 卓藺屠蒙 池喬陰郁 胥能蒼雙
聞莘黨翟 譚貢勞逄 姬申扶堵 冉宰酈雍
郤璩桑桂 濮牛壽通 邊扈燕冀 郟浦尚農
温別莊晏 柴瞿閻充 慕連茹習 宦艾魚容
向古易慎 戈廖庾終 暨居衡步 都耿滿弘
匡國文寇 廣祿闕東 歐殳沃利 蔚越夔隆
師鞏厙聶 晁勾敖融 冷訾辛闞 那簡饒空
曾毋沙乜 養鞠須豐 巢關蒯相 查後荊紅

游竺權逯　蓋益桓公　萬俟司馬　上官歐陽
夏侯諸葛　聞人東方　赫連皇甫　尉遲公羊
澹臺公冶　宗政濮陽　淳于單于　太叔申屠
公孫仲孫　軒轅令狐　鍾離宇文　長孫慕容
鮮于閭丘　司徒司空　亓官司寇　仉督子車
顓孫端木　巫馬公西　漆雕樂正　壤駟公良
拓跋夾谷　宰父谷梁　晉楚閆法　汝鄢涂欽
段干百里　東郭南門　呼延歸海　羊舌微生
岳帥緱亢　況后有琴　梁丘左丘　東門西門

商牟佘佴　伯賞南宫　墨哈譙笪　年愛陽佟

第五言福　百家姓終

音頻二維碼

百家姓

趙錢孫李　周吳鄭王　馮陳褚衛　蔣沈韓楊

朱秦尤許　何呂施張　孔曹嚴華　金魏陶姜

戚謝鄒喻　柏水竇章　雲蘇潘葛　奚範彭郎

魯韋昌馬　苗鳳花方　俞任袁柳　酆鮑史唐

費廉岑薛　雷賀倪湯　滕殷羅畢　郝鄔安常

樂于時傅　皮卞齊康　伍余元卜　顧孟平黃

和穆蕭尹　姚邵湛汪　祁毛禹狄　米貝明臧

計伏成戴 談宋茅龐 熊紀舒屈 項祝董梁

杜阮藍閔 席季麻强 賈路婁危 江童顏郭

梅盛林刁 鍾徐邱駱 高夏蔡田 樊胡淩霍

虞萬支柯 昝管盧莫 經房裘繆 干解應宗

丁宣賁鄧 郁單杭洪 包諸左石 崔吉鈕龔

程嵇邢滑 裴陸榮翁 荀羊於惠 甄麴家封

芮羿儲靳 汲邴糜松 井段富巫 烏焦巴弓

牧隗山谷 車侯宓蓬 全郗班仰 秋仲伊宫

寧仇欒暴 甘斜厲戎 祖武符劉 景詹束龍

葉幸司韶　郜黎薊薄　印宿白懷　蒲邰從鄂
索咸籍賴　卓藺屠蒙　池喬陰郁　胥能蒼雙
聞莘黨翟　譚貢勞逄　姬申扶堵　冉宰酈雍
郤璩桑桂　濮牛壽通　邊扈燕冀　郟浦尚農
溫別莊晏　柴瞿閻充　慕連茹習　宦艾魚容
向古易慎　戈廖庾終　暨居衡步　都耿滿弘
匡國文寇　廣祿闕東　歐殳沃利　蔚越夔隆
師鞏厙聶　晁勾敖融　冷訾辛闞　那簡饒空
曾毋沙乜　養鞠須豐　巢關蒯相　查後荊紅

游竺權逯 蓋益桓公 萬俟司馬 上官歐陽

夏侯諸葛 聞人東方 赫連皇甫 尉遲公羊

澹臺公冶 宗政濮陽 淳于單于 太叔申屠

公孫仲孫 軒轅令狐 鍾離宇文 長孫慕容

鮮于閭丘 司徒司空 亓官司寇 仉督子車

顓孫端木 巫馬公西 漆雕樂正 壤駟公良

拓跋夾谷 宰父谷梁 晋楚閆法 汝鄢涂欽

段干百里 東郭南門 呼延歸海 羊舌微生

岳帥緱亢 況后有琴 梁丘左丘 東門西門

商牟佘佴　伯賞南宮　墨哈譙笪　年愛陽佟

第五言福　百家姓終

音頻二維碼

千字文

天地玄黄　宇宙洪荒　日月盈昃　辰宿列張
寒來暑往　秋收冬藏　閏餘成歲　律吕調陽
雲騰致雨　露結爲霜
金生麗水　玉出崑岡　劍號巨闕　珠稱夜光
果珍李柰　菜重芥姜　海鹹河淡　鱗潜羽翔
龍師火帝　鳥官人皇　始制文字　乃服衣裳
推位讓國　有虞陶唐　吊民伐罪　周發殷湯

坐朝問道　垂拱平章　愛育黎首　臣伏戎羌
遐邇一體　率賓歸王　鳴鳳在竹　白駒食場
化被草木　賴及萬方　蓋此身髮　四大五常
恭惟鞠養　豈敢毀傷　女慕貞潔　男效才良
知過必改　得能莫忘　罔談彼短　靡恃己長
信使可覆　器欲難量　墨悲絲染　詩讚羔羊
景行維賢　克念作聖　德建名立　形端表正
空谷傳聲　虛堂習聽　禍因惡積　福緣善慶

尺璧非寶　寸陰是競

資父事君　曰嚴與敬　孝當竭力　忠則盡命

臨深履薄　夙興温清　似蘭斯馨　如松之盛

川流不息　淵澄取映　容止若思　言辭安定

篤初誠美　慎終宜令　榮業所基　籍甚無竟

學優登仕　攝職從政　存以甘棠　去而益詠

樂殊貴賤　禮別尊卑　上和下睦　夫唱婦隨

外受傅訓　入奉母儀　諸姑伯叔　猶子比兒

孔懷兄弟　同氣連枝　交友投分　切磨箴規

仁慈隱惻 造次弗離 節義廉退 顛沛匪虧

性靜情逸 心動神疲 守真志滿 逐物意移

堅持雅操 好爵自縻

都邑華夏 東西二京 背邙面洛 浮渭據涇

宮殿盤鬱 樓觀飛驚 圖寫禽獸 畫彩仙靈

丙舍傍啓 甲帳對楹 肆筵設席 鼓瑟吹笙

升階納陛 弁轉疑星

右通廣內 左達承明 既集墳典 亦聚群英

杜稿鍾隸 漆書壁經

府羅將相　路俠槐卿　户封八縣　家給千兵
高冠陪輦　驅轂振纓　世祿侈富　車駕肥輕
策功茂實　勒碑刻銘
磻溪伊尹　佐時阿衡　奄宅曲阜　微旦孰營
桓公匡合　濟弱扶傾　綺回漢惠　説感武丁
俊乂密勿　多士寔寧
晋楚更霸　趙魏困横　假途滅虢　踐土會盟
何遵約法　韓弊煩刑
起翦頗牧　用軍最精　宣威沙漠　馳譽丹青

九州禹跡　百郡秦並　岳宗泰岱　禪主雲亭

雁門紫塞　鷄田赤城　昆池碣石　巨野洞庭

曠遠綿邈　岩岫杳冥

治本於農　務資稼穡　俶載南畝　我藝黍稷

稅熟貢新　勸賞黜陟

孟軻敦素　史魚秉直　庶幾中庸　勞謙謹敕

聆音察理　鑒貌辨色　貽厥嘉猷　勉其祗植

省躬譏誡　寵增抗極　殆辱近恥　林皋幸即

兩疏見機　解組誰逼　索居閒處　沉默寂寥

求古尋論　散慮逍遥　欣奏累遣　戚謝歡招
渠荷的歷　園莽抽條　枇杷晚翠　梧桐蚤凋
陳根委翳　落葉飄摇　游鵾獨運　凌摩絳霄
耽讀玩市　寓目囊箱　易輶攸畏　屬耳垣墻
具膳餐飯　適口充腸　飽飫烹宰　饑厭糟糠
親戚故舊　老少異糧　妾御績紡　侍巾帷房
紈扇圓絜　銀燭煒煌　晝眠夕寐　藍筍象床
弦歌酒宴　接杯舉觴　矯手頓足　悦豫且康
嫡後嗣續　祭祀烝嘗　稽顙再拜　悚懼恐惶

箋牒簡要　顧答審詳　骸垢想浴　執熱願涼

驢騾犢特　駭躍超驤　誅斬賊盜　捕獲叛亡

布射僚丸　嵇琴阮嘯　恬筆倫紙　鈞巧任釣

釋紛利俗　并皆佳妙　毛施淑姿　工顰妍笑

年矢每催　曦暉朗曜　璇璣懸斡　晦魄環照

指薪修祜　永綏吉劭

矩步引領　俯仰廊廟　束帶矜莊　徘徊瞻眺

孤陋寡聞　愚蒙等誚　謂語助者　焉哉乎也

音頻二維碼

千字文

天地玄黃 宇宙洪荒 日月盈昃 辰宿列張

寒來暑往 秋收冬藏 閏餘成歲 律呂調陽

雲騰致雨 露結爲霜

金生麗水 玉出昆岡 劍號巨闕 珠稱夜光

果珍李柰 菜重芥姜 海鹹河淡 鱗潛羽翔

龍師火帝 鳥官人皇 始制文字 乃服衣裳

推位讓國 有虞陶唐 吊民伐罪 周發殷湯

坐朝問道　垂拱平章　愛育黎首　臣伏戎羌
遐邇一體　率賓歸王　鳴鳳在竹　白駒食場
化被草木　賴及萬方　蓋此身髮　四大五常
恭惟鞠養　豈敢毁傷　女慕貞潔　男效才良
知過必改　得能莫忘　罔談彼短　靡恃己長
信使可覆　器欲難量　墨悲絲染　詩讚羔羊
景行維賢　克念作聖　德建名立　形端表正
空谷傳聲　虚堂習聽　禍因惡積　福緣善慶

尺璧非寶　寸陰是競

資父事君　曰嚴與敬　孝當竭力　忠則盡命

臨深履薄　夙興溫清　似蘭斯馨　如松之盛

川流不息　淵澄取映　容止若思　言辭安定

篤初誠美　慎終宜令　榮業所基　籍甚無竟

學優登仕　攝職從政　存以甘棠　去而益詠

樂殊貴賤　禮別尊卑　上和下睦　夫唱婦隨

外受傅訓　入奉母儀　諸姑伯叔　猶子比兒

孔懷兄弟　同氣連枝　交友投分　切磨箴規

仁慈隱惻 造次弗離 節義廉退 顛沛匪虧
性靜情逸 心動神疲 守真志滿 逐物意移
堅持雅操 好爵自縻
都邑華夏 東西二京 背邙面洛 浮渭據涇
宮殿盤鬱 樓觀飛驚 圖寫禽獸 畫彩仙靈
丙舍傍啓 甲帳對楹 肆筵設席 鼓瑟吹笙
升階納陛 弁轉疑星
右通廣內 左達承明 既集墳典 亦聚群英
杜稿鍾隸 漆書壁經

府羅將相　路俠槐卿　户封八縣　家給千兵
高冠陪輦　驅轂振纓　世禄侈富　車駕肥輕
策功茂實　勒碑刻銘
磻溪伊尹　佐時阿衡　奄宅曲阜　微旦孰營
桓公匡合　濟弱扶傾　綺回漢惠　説感武丁
俊乂密勿　多士寔寧
晋楚更霸　趙魏困横　假途滅虢　踐土會盟
何遵約法　韓弊煩刑
起翦頗牧　用軍最精　宣威沙漠　馳譽丹青

九州禹跡　百郡秦並　岳宗泰岱　禪主雲亭

雁門紫塞　鷄田赤城　昆池碣石　巨野洞庭

曠遠綿邈　岩岫杳冥

治本於農　務資稼穡　俶載南畝　我藝黍稷

稅熟貢新　勸賞黜陟

孟軻敦素　史魚秉直　庶幾中庸　勞謙謹敕

聆音察理　鑒貌辨色　貽厥嘉猷　勉其祗植

省躬譏誡　寵增抗極　殆辱近恥　林皋幸即

兩疏見機　解組誰逼　索居閒處　沉默寂寥

求古尋論 散慮逍遥 欣奏累遣 慼謝歡招

渠荷的歷 園莽抽條 枇杷晚翠 梧桐蚤凋

陳根委翳 落葉飄摇 游鵾獨運 凌摩絳霄

耽讀玩市 寓目囊箱 易輶攸畏 屬耳垣墻

具膳餐飯 適口充腸 飽飫烹宰 饑厭糟糠

親戚故舊 老少異糧 妾御績紡 侍巾帷房

紈扇圓潔 銀燭煒煌 晝眠夕寐 藍筍象床

弦歌酒宴 接杯舉觴 矯手頓足 悦豫且康

嫡後嗣續 祭祀烝嘗 稽顙再拜 悚懼恐惶

箋牒簡要　顧答審詳　骸垢想浴　執熱願涼

驢騾犢特　駭躍超驤　誅斬賊盜　捕獲叛亡

布射僚丸　嵇琴阮嘯　恬筆倫紙　鈞巧任釣

釋紛利俗　并皆佳妙　毛施淑姿　工顰妍笑

年矢每催　曦暉朗曜　璇璣懸斡　晦魄環照

指薪修祜　永綏吉劭

矩步引領　俯仰廊廟　束帶矜莊　徘徊瞻眺

孤陋寡聞　愚蒙等誚　謂語助者　焉哉乎也

音頻二維碼

千字文

天地玄黄 宇宙洪荒 日月盈昃 辰宿列張

寒來暑往 秋收冬藏 閏餘成歲 律吕調陽

雲騰致雨 露結爲霜

金生麗水 玉出昆岡 劍號巨闕 珠稱夜光

果珍李柰 菜重芥姜 海鹹河淡 鱗潛羽翔

龍師火帝 鳥官人皇 始制文字 乃服衣裳

推位讓國 有虞陶唐 吊民伐罪 周發殷湯

坐朝問道　垂拱平章　愛育黎首　臣伏戎羌

遐邇一體　率賓歸王

鳴鳳在竹　白駒食場　化被草木　賴及萬方

蓋此身髮　四大五常　恭惟鞠養　豈敢毀傷

女慕貞潔　男效才良　知過必改　得能莫忘

罔談彼短　靡恃己長　信使可覆　器欲難量

墨悲絲染　詩讚羔羊

景行維賢　克念作聖　德建名立　形端表正

空谷傳聲　虛堂習聽　禍因惡積　福緣善慶

尺璧非寶　寸陰是競

資父事君　曰嚴與敬　孝當竭力　忠則盡命

臨深履薄　夙興溫清　似蘭斯馨　如松之盛

川流不息　淵澄取映　容止若思　言辭安定

篤初誠美　慎終宜令　榮業所基　籍甚無竟

學優登仕　攝職從政　存以甘棠　去而益詠

樂殊貴賤　禮別尊卑　上和下睦　夫唱婦隨

外受傅訓　入奉母儀　諸姑伯叔　猶子比兒

孔懷兄弟　同氣連枝　交友投分　切磨箴規

仁慈隱惻　造次弗離　節義廉退　顛沛匪虧
性靜情逸　心動神疲　守真志滿　逐物意移
堅持雅操　好爵自縻
都邑華夏　東西二京　背邙面洛　浮渭據涇
宮殿盤鬱　樓觀飛驚　圖寫禽獸　畫彩仙靈
丙舍傍啓　甲帳對楹　肆筵設席　鼓瑟吹笙
升階納陛　弁轉疑星
右通廣内　左達承明　既集墳典　亦聚群英
杜稿鐘隸　漆書壁經

府羅將相　路俠槐卿　户封八縣　家給千兵

高冠陪輦　驅轂振纓　世禄侈富　車駕肥輕

策功茂實　勒碑刻銘　磻溪伊尹　佐時阿衡

奄宅曲阜　微旦孰營　桓公匡合　濟弱扶傾

綺回漢惠　説感武丁　俊乂密勿　多士寔寧

晋楚更霸　趙魏困横　假途滅虢　踐土會盟

何遵約法　韓弊煩刑　起翦頗牧　用軍最精

宣威沙漠　馳譽丹青

九州禹跡　百郡秦並　岳宗泰岱　禪主雲亭

雁門紫塞　鷄田赤城　昆池碣石　巨野洞庭

曠遠綿邈　岩岫杳冥

治本於農　務資稼穡　俶載南畝　我藝黍稷

稅熟貢新　勸賞黜陟

孟軻敦素　史魚秉直　庶幾中庸　勞謙謹敕

聆音察理　鑒貌辨色　貽厥嘉猷　勉其祗植

省躬譏誡　寵增抗極　殆辱近恥　林皋幸即

兩疏見機　解組誰逼　索居閒處　沉默寂寥

求古尋論　散慮逍遥　欣奏累遣　戚謝歡招

渠荷的歷　園莽抽條　枇杷晚翠　梧桐蚤凋

陳根委翳　落葉飄摇　游鵾獨運　淩摩絳霄

耽讀玩市　寓目囊箱　易輶攸畏　屬耳垣墻

具膳餐飯　適口充腸　飽飫烹宰　饑厭糟糠

親戚故舊　老少異糧　妾御績紡　侍巾帷房

紈扇圓絜　銀燭煒煌　晝眠夕寐　藍筍象床

弦歌酒宴　接杯舉觴　矯手頓足　悦豫且康

嫡後嗣續　祭祀烝嘗　稽顙再拜　悚懼恐惶

箋牒簡要　顧答審詳　骸垢想浴　執熱願涼

驢騾犢特　駭躍超驤　誅斬賊盜　捕獲叛亡

布射僚丸　嵇琴阮嘯　恬筆倫紙　鈞巧任釣

釋紛利俗　并皆佳妙　毛施淑姿　工顰妍笑

年矢每催　曦暉朗曜　璇璣懸斡　晦魄環照

指薪修祜　永綏吉劭

矩步引領　俯仰廊廟　束帶矜莊　徘徊瞻眺

孤陋寡聞　愚蒙等誚　謂語助者　焉哉乎也

音頻二維碼

弟子規

一．總敘

弟子規 聖人訓 首孝悌 次謹信

汎愛衆 而親仁 有餘力 則學文

二．入則孝 出則悌

父母呼 應勿緩 父母命 行勿懶

父母教 須敬聽 父母責 須順承

冬則温 夏則清 晨則省 昏則定

出必告 反必面 居有常 業無變
事雖小 勿擅爲 苟擅爲 子道虧
物雖小 勿私藏 苟私藏 親心傷
親所好 力爲具 親所惡 謹爲去
身有傷 貽親憂 德有傷 貽親羞
親愛我 孝何難 親惡我 孝方賢
親有過 諫使更 怡吾色 柔吾聲
諫不入 悦復諫 號泣隨 撻無怨
親有疾 藥先嘗 晝夜侍 不離床

喪三年 常悲咽 居處變 酒肉絕

喪盡禮 祭盡誠 事死者 如事生

兄道友 弟道恭 兄弟睦 孝在中

財物輕 怨何生 言語忍 忿自泯

或飲食 或坐走 長者先 幼者後

長呼人 即代叫 人不在 己即到

稱尊長 勿呼名 對尊長 勿見能

路遇長 疾趨揖 長無言 退恭立

騎下馬 乘下車 過猶待 百步餘

長者立 幼勿坐 長者坐 命乃坐

尊長前 聲要低 低不聞 却非宜

進必趨 退必遲 問起對 視勿移

事諸父 如事父 事諸兄 如事兄

三 謹而信

朝起早 夜眠遲 老易至 惜此時

晨必盥 兼漱口 便溺回 輒淨手

冠必正 紐必結 襪與履 俱緊切

置冠服 有定位 勿亂頓 致污穢

衣貴潔　不貴華　上循分　下稱家
對飲食　勿揀擇　食適可　勿過則
年方少　勿飲酒　飲酒醉　最爲醜
步從容　立端正　揖深圓　拜恭敬
勿踐閾　勿跛倚　勿箕踞　勿搖髀
緩揭簾　勿有聲　寬轉彎　勿觸棱
執虛器　如執盈　入虛室　如有人
事勿忙　忙多錯　勿畏難　勿輕略
鬥鬧場　絶勿近　邪僻事　絶勿問

將入門　問孰存　將上堂　聲必揚
人問誰　對以名　吾與我　不分明
用人物　須明求　倘不問　即爲偷
借人物　及時還　人借物　有勿慳
凡出言　信爲先　詐與妄　奚可焉
話說多　不如少　惟其是　勿佞巧
刻薄語　穢污詞　市井氣　切戒之
見未真　勿輕言　知未的　勿輕傳
事非宜　勿輕諾　苟輕諾　進退錯

凡道字　重且舒　勿急疾　勿模糊
彼說長　此說短　不關己　莫閒管
見人善　即思齊　縱去遠　以漸躋
見人惡　即内省　有則改　無加警
惟德學　惟才藝　不如人　當自勵
若衣服　若飲食　不如人　勿生戚
聞過怒　聞譽樂　損友來　益友却
聞譽恐　聞過欣　直諒士　漸相親
無心非　名爲錯　有心非　名爲惡

過能改　歸於無　倘掩飾　增一辜

四．汎愛衆而親仁

凡是人　皆須愛　天同覆　地同載

行高者　名自高　人所重　非貌高

才大者　望自大　人所服　非言大

己有能　勿自私　人有能　勿輕訾

勿諂富　勿驕貧　勿厭故　勿喜新

人不閒　勿事攪　人不安　勿話擾

人有短　切莫揭　人有私　切莫說

道人善　即是善　人知之　愈思勉

揚人惡　即是惡　疾之甚　禍且作

善相勸　德皆建　過不規　道兩虧

凡取與　貴分曉　與宜多　取宜少

將加人　先問己　己不欲　即速已

恩欲報　怨欲忘　報怨短　報恩長

待婢僕　身貴端　雖貴端　慈而寬

勢服人　心不然　理服人　方無言

同是人　類不齊　流俗衆　仁者稀

果仁者　人多畏　言不諱　色不媚
能親仁　無限好　德日進　過日少
不親仁　無限害　小人進　百事壞

五．行有餘力則以學文

不力行　但學文　長浮華　成何人
但力行　不學文　任己見　昧理真
讀書法　有三到　心眼口　信皆要
方讀此　勿慕彼　此未終　彼勿起
寬爲限　緊用功　工夫到　滯塞通

心有疑　隨札記　就人問　求確義

房室清　墻壁淨　几案潔　筆硯正

墨磨偏　心不端　字不敬　心先病

列典籍　有定處　讀看畢　還原處

雖有急　卷束齊　有缺損　就補之

非聖書　屏勿視　蔽聰明　壞心志

勿自暴　勿自棄　聖與賢　可馴致

弟子規

音頻二維碼

一．總敘

弟子規　聖人訓　首孝悌　次謹信
汎愛眾　而親仁　有餘力　則學文

二．入則孝　出則悌

父母呼　應勿緩　父母命　行勿懶
父母教　須敬聽　父母責　須順承
冬則溫　夏則清　晨則省　昏則定

出必告　反必面　居有常　業無變
事雖小　勿擅爲　苟擅爲　子道虧
物雖小　勿私藏　苟私藏　親心傷
親所好　力爲具　親所惡　謹爲去
身有傷　貽親憂　德有傷　貽親羞
親愛我　孝何難　親惡我　孝方賢
親有過　諫使更　怡吾色　柔吾聲
諫不入　悦復諫　號泣隨　撻無怨
親有疾　藥先嘗　晝夜侍　不離床

喪三年　常悲咽　居處變　酒肉絕

喪盡禮　祭盡誠　事死者　如事生

兄道友　弟道恭　兄弟睦　孝在中

財物輕　怨何生　言語忍　忿自泯

或飲食　或坐走　長者先　幼者後

長呼人　即代叫　人不在　己即到

稱尊長　勿呼名　對尊長　勿見能

路遇長　疾趨揖　長無言　退恭立

騎下馬　乘下車　過猶待　百步餘

長者立　幼勿坐　長者坐　命乃坐
尊長前　聲要低　低不聞　却非宜
進必趨　退必遲　問起對　視勿移
事諸父　如事父　事諸兄　如事兄

三、謹而信

朝起早　夜眠遲　老易至　惜此時
晨必盥　兼漱口　便溺回　輒淨手
冠必正　紐必結　襪與履　俱緊切
置冠服　有定位　勿亂頓　致污穢

衣貴潔　不貴華　上循分　下稱家
對飲食　勿揀擇　食適可　勿過則
年方少　勿飲酒　飲酒醉　最爲醜
步從容　立端正　揖深圓　拜恭敬
勿踐閾　勿跛倚　勿箕踞　勿摇髀
緩揭簾　勿有聲　寬轉彎　勿觸棱
執虚器　如執盈　入虚室　如有人
事勿忙　忙多錯　勿畏難　勿輕略
鬥鬧場　絶勿近　邪僻事　絶勿問

將入門　問孰存　將上堂　聲必揚
人問誰　對以名　吾與我　不分明
用人物　須明求　倘不問　即爲偷
借人物　及時還　人借物　有勿慳
凡出言　信爲先　詐與妄　奚可焉
話說多　不如少　惟其是　勿佞巧
刻薄語　穢污詞　市井氣　切戒之
見未真　勿輕言　知未的　勿輕傳
事非宜　勿輕諾　苟輕諾　進退錯

凡道字　重且舒　勿急疾　勿模糊

彼說長　此說短　不關己　莫閒管

見人善　即思齊　縱去遠　以漸躋

見人惡　即内省　有則改　無加警

惟德學　惟才藝　不如人　當自勵

若衣服　若飲食　不如人　勿生戚

聞過怒　聞譽樂　損友來　益友却

聞譽恐　聞過欣　直諒士　漸相親

無心非　名爲錯　有心非　名爲惡

過能改　歸於無　倘掩飾　增一辜

四．泛愛眾而親仁

凡是人　皆須愛　天同覆　地同載

行高者　名自高　人所重　非貌高

才大者　望自大　人所服　非言大

己有能　勿自私　人有能　勿輕訾

勿諂富　勿驕貧　勿厭故　勿喜新

人不間　勿事攪　人不安　勿話擾

人有短　切莫揭　人有私　切莫說

道人善　即是善　人知之　愈思勉

揚人惡　即是惡　疾之甚　禍且作

善相勸　德皆建　過不規　道兩虧

凡取與　貴分曉　與宜多　取宜少

將加人　先問己　己不欲　即速已

恩欲報　怨欲忘　報怨短　報恩長

待婢僕　身貴端　雖貴端　慈而寬

勢服人　心不然　理服人　方無言

同是人　類不齊　流俗衆　仁者稀

果仁者 人多畏 言不諱 色不媚
能親仁 無限好 德日進 過日少
不親仁 無限害 小人進 百事壞
五、行有餘力則以學文
不力行 但學文 長浮華 成何人
但力行 不學文 任己見 昧理真
讀書法 有三到 心眼口 信皆要
方讀此 勿慕彼 此未終 彼勿起
寬爲限 緊用功 工夫到 滯塞通

心有疑　隨札記　就人問　求確義

房室清　墻壁淨　几案潔　筆硯正

墨磨偏　心不端　字不敬　心先病

列典籍　有定處　讀看畢　還原處

雖有急　卷束齊　有缺損　就補之

非聖書　屏勿視　蔽聰明　壞心志

勿自暴　勿自棄　聖與賢　可馴致

音頻二維碼

弟子規

一、總敘

弟子規　聖人訓　首孝悌　次謹信
汎愛衆　而親仁　有餘力　則學文

二、入則孝　出則悌

父母呼　應勿緩　父母命　行勿懶
父母教　須敬聽　父母責　須順承
冬則温　夏則清　晨則省　昏則定

出必告　反必面　居有常　業無變
事雖小　勿擅爲　苟擅爲　子道虧
物雖小　勿私藏　苟私藏　親心傷
親所好　力爲具　親所惡　謹爲去
身有傷　貽親憂　德有傷　貽親羞
親愛我　孝何難　親惡我　孝方賢
親有過　諫使更　怡吾色　柔吾聲
諫不入　悦復諫　號泣隨　撻無怨
親有疾　藥先嘗　晝夜侍　不離床

喪三年 常悲咽 居處變 酒肉絕
喪盡禮 祭盡誠 事死者 如事生
兄道友 弟道恭 兄弟睦 孝在中
財物輕 怨何生 言語忍 忿自泯
或飲食 或坐走 長者先 幼者後
長呼人 即代叫 人不在 己即到
稱尊長 勿呼名 對尊長 勿見能
路遇長 疾趨揖 長無言 退恭立
騎下馬 乘下車 過猶待 百步餘

長者立 幼勿坐 長者坐 命乃坐

尊長前 聲要低 低不聞 却非宜

進必趨 退必遲 問起對 視勿移

事諸父 如事父 事諸兄 如事兄

三．謹而信

朝起早 夜眠遲 老易至 惜此時

晨必盥 兼漱口 便溺回 輒淨手

冠必正 紐必結 襪與履 俱緊切

置冠服 有定位 勿亂頓 致污穢

衣貴潔　不貴華　上循分　下稱家
對飲食　勿揀擇　食適可　勿過則
年方少　勿飲酒　飲酒醉　最爲醜
步從容　立端正　揖深圓　拜恭敬
勿踐閾　勿跛倚　勿箕踞　勿摇髀
緩揭簾　勿有聲　寬轉彎　勿觸棱
執虚器　如執盈　入虚室　如有人
事勿忙　忙多錯　勿畏難　勿輕略
鬥鬧場　絶勿近　邪僻事　絶勿問

將入門　問孰存　將上堂　聲必揚

人問誰　對以名　吾與我　不分明

用人物　須明求　倘不問　即爲偷

借人物　及時還　人借物　有勿慳

凡出言　信爲先　詐與妄　奚可焉

話說多　不如少　惟其是　勿佞巧

刻薄語　穢污詞　市井氣　切戒之

見未真　勿輕言　知未的　勿輕傳

事非宜　勿輕諾　苟輕諾　進退錯

凡道字　重且舒　勿急疾　勿模糊
彼説長　此説短　不關己　莫閒管
見人善　即思齊　縱去遠　以漸躋
見人惡　即内省　有則改　無加警
惟德學　惟才藝　不如人　當自勵
若衣服　若飲食　不如人　勿生戚
聞過怒　聞譽樂　損友來　益友却
聞譽恐　聞過欣　直諒士　漸相親
無心非　名爲錯　有心非　名爲惡

過能改　歸於無　倘掩飾　增一辜

四．泛愛衆而親仁

凡是人　皆須愛　天同覆　地同載

行高者　名自高　人所重　非貌高

才大者　望自大　人所服　非言大

己有能　勿自私　人有能　勿輕訾

勿諂富　勿驕貧　勿厭故　勿喜新

人不閒　勿事攪　人不安　勿話擾

人有短　切莫揭　人有私　切莫說

道人善　即是善　人知之　愈思勉
揚人惡　即是惡　疾之甚　禍且作
善相勸　德皆建　過不規　道兩虧
凡取與　貴分曉　與宜多　取宜少
將加人　先問己　己不欲　即速已
恩欲報　怨欲忘　報怨短　報恩長
待婢僕　身貴端　雖貴端　慈而寬
勢服人　心不然　理服人　方無言
同是人　類不齊　流俗衆　仁者稀

果仁者　人多畏　言不諱　色不媚
能親仁　無限好　德日進　過日少
不親仁　無限害　小人進　百事壞

五．行有餘力則以學文

不力行　但學文　長浮華　成何人
但力行　不學文　任己見　昧理真
讀書法　有三到　心眼口　信皆要
方讀此　勿慕彼　此未終　彼勿起
寬爲限　緊用功　工夫到　滯塞通

心有疑　隨札記　就人問　求確義
房室清　墻壁淨　几案潔　筆硯正
墨磨偏　心不端　字不敬　心先病
列典籍　有定處　讀看畢　還原處
雖有急　卷束齊　有缺損　就補之
非聖書　屏勿視　蔽聰明　壞心志
勿自暴　勿自棄　聖與賢　可馴致

太上感應篇

太上曰。禍福無門。惟人自召。善惡之報。如影隨形。是以天地有司過之神。依人所犯輕重。以奪人算。算減則貧耗。多逢憂患。人皆惡之。刑禍隨之。吉慶避之。惡星災之。算盡則死。又有三台北斗神君。在人頭上。錄人罪惡。奪其紀算。又有三尸神。在人身中。每到庚申日。輒上詣天曹。言人罪過。月晦之日。竈神亦然。

凡人有過，大則奪紀，小則奪算，其過大小，有數百事，欲求長生者，先須避之。

是道則進，非道則退，不履邪徑，不欺暗室，積德纍功，慈心於物，忠孝友悌，正己化人，矜孤恤寡，敬老懷幼，昆蟲草木，猶不可傷，宜憫人之凶，樂人之善，濟人之急，救人之危，見人之得，如己之得，見人之失，如己之失，不彰人短，不炫己長，遏惡揚善，推多取少，受辱不怨，受寵若驚，施恩不求報，與人不追悔，所謂善人。人皆敬之。天道佑之。福禄隨之。衆邪遠之。神靈衛之。所作必成。神仙可冀。欲求天仙者。當立一千三百善。欲求地仙者。當立三百善。

苟或非義而動。背理而行。以惡爲能。忍作殘害。陰賊良善。暗侮君親。慢其先生。叛其所事。誑諸無識。謗諸同學。虛誣詐僞。攻訐宗親。剛强不仁。狠戾自用。是非不當。向背乖宜。虐下取功。諂上希旨。受恩不感。念怨不休。輕蔑天民，擾亂國政，賞及非義，刑及無辜，殺人取財，傾人取位，誅降戮服，貶正排賢，凌孤逼寡，棄法受賂，以直爲曲，以曲爲直，入輕爲重，見殺加怒，知過不改，知善不爲，自罪引他，壅塞方術，訕謗聖賢，侵凌道德，射飛逐走，發蟄驚栖，填穴覆巢，傷胎破卵，願人有失，毀人成功，危人自安，減人自益，以惡易好，以私廢公，竊人之能，蔽人之善，形人之醜，訐人之私，耗人貨財，離人骨肉，侵人所愛，助人爲非，逞

志作威辱人求勝敗人苗稼破人婚姻苟富
而驕苟免無恥認恩推過嫁禍賣惡沽買虛
譽包貯險心挫人所長護己所短乘威迫
脅縱暴殺傷無故剪裁非禮烹宰散棄五
穀勞擾眾生破人之家取其財寶決水放火
以害民居紊亂規模以敗人功損人器物以
窮人用見他榮貴願他流貶見他富有願他
破散見他色美起心私之負他貨財願他身
死干求不遂便生咒恨見他失便便說他過

見他體相不具而笑之。見他才能可稱而抑之。埋蠱厭人。用藥殺樹。恚怒師傅。抵觸父兄。強取強求。好侵好奪。擄掠致富。巧詐求遷。賞罰不平。逸樂過節。苛虐其下。恐嚇於他。怨天尤人。呵風罵雨。鬥合爭訟。妄逐朋黨。用妻妾語。違父母訓。得新忘故。口是心非。貪冒於財。欺罔其上。造作惡語。讒毀平人。毀人稱直。罵神稱正。棄順效逆。背親向疏。指天地以證鄙懷。引神明而鑒猥事。施與後悔。假借不還。分外營求力上施設淫欲過度心毒貌慈穢食餧人左道惑眾短尺狹度輕秤小升以僞雜真採取奸利壓良爲賤謾驀愚人貪婪無厭咒詛求直嗜酒悖亂骨肉忿爭男不忠良女不柔順不和其室不敬其夫每好矜誇常行妒忌無行於妻子失禮於舅姑輕慢先靈違逆上命作爲無益懷挾外心自咒咒他偏憎偏愛越井越竈跳食跳人損子墮胎行多隱僻晦臘歌舞朔旦號怒對北涕唾及溺對竈

吟詠及哭。又以竈火燒香。穢柴作食。夜起裸露。八節行刑。唾流星。指虹霓。輒指三光。久視日月。春月燎獵。對北惡罵。無故殺龜打蛇。如是等罪。司命隨其輕重。奪其紀算。算盡則死。死有餘責。乃殃及子孫。又諸橫取人財者。乃計其妻子家口以當之。漸至死喪。若不死喪。則有水火盜賊。遺亡器物。疾病口舌諸事。以當妄取之值。又枉殺人者。是易刀兵而相殺也。取非義之財者。譬如漏脯救飢。鴆酒止渴。

非不暫飽。死亦及之。

夫心起於善。善雖未爲。而吉神已隨之。或心起於惡。惡雖未爲。而凶神已隨之。其有曾行惡事。後自改悔。諸惡莫作。衆善奉行。久久必獲吉慶。所謂轉禍爲福也。故吉人語善。視善。行善。一日有三善。三年天必降之福。凶人語惡。視惡。行惡。一日有三惡。三年天必降之禍。胡不勉而行之。

音頻二維碼

太上感應篇

太上曰。禍福無門。惟人自召。善惡之報。如影隨形。是以天地有司過之神。依人所犯輕重。以奪人算。算減則貧耗。多逢憂患。人皆惡之。刑禍隨之。吉慶避之。惡星災之。算盡則死。又有三台北斗神君。在人頭上。錄人罪惡。奪其紀算。又有三尸神。在人身中。每到庚申日。輒上詣天曹。言人罪過。月晦之日。竈神亦然。

凡人有過．大則奪紀．小則奪算．其過大小．有數百事．欲求長生者．先須避之．

是道則進．非道則退．不履邪徑．不欺暗室．積德累功．慈心於物．忠孝友悌．正己化人．矜孤恤寡．敬老懷幼．昆蟲草木．猶不可傷．宜憫人之凶．樂人之善．濟人之急．救人之危．見人之得．如己之得．見人之失．如己之失．不彰人短．不炫己長．遏惡揚善．推多取少．受辱不怨．受寵若驚．施恩不求報．與人不追悔．所謂善人。人皆敬之。天道佑之。福祿隨之。衆邪遠之。神靈衛之。所作必成。神仙可冀。欲求天仙者。當立一千三百善。欲求地仙者。當立三百善。

苟或非義而動。背理而行。以惡爲能。忍作殘害。陰賊良善。暗侮君親。慢其先生。叛其所事。誑諸無識。謗諸同學。虛誣詐僞。攻訐宗親。剛强不仁。狠戾自用。是非不當。向背乖宜。虐下取功。諂上希旨。受恩不感。念怨不休。輕蔑天民。擾亂國政。賞及非義。刑及無辜。殺人取財。傾人取位。誅降戮服。貶正排賢。凌孤逼寡。棄法受賂。以直爲曲。以曲爲直。入輕爲重。見殺加怒。知過不改。知善不爲。自罪引他。壅塞方術。訕謗聖賢。侵凌道德。射飛逐走。發蟄驚棲。填穴覆巢。傷胎破卵。願人有失。毀人成功。危人自安。減人自益。以惡易好。以私廢公。竊人之能。蔽人之善。形人之醜。訐人之私。耗人貨財。離人骨肉。侵人所愛。助人爲非。逞志作威。辱人求勝。敗人苗稼。破人婚姻。苟富而驕。苟免無恥。認恩推過。嫁禍賣惡。沽買虛譽。包貯險心。挫人所長。護己所短。乘威迫脅。縱暴殺傷。無故剪裁。非禮烹宰。散棄五穀。勞擾衆生。破人之家。取其財寶。決水放火。以害民居。紊亂規模。以敗人功。損人器物。以窮人用。見他榮貴。願他流貶。見他富有。願他破散。見他色美。起心私之。負他貨財。願他身死。干求不遂。便生咒恨。見他失便。便說他過。

見他體相不具而笑之。見他才能可稱而抑之。埋蠱厭人。用藥殺樹。恚怒師傅。抵觸父兄。強取強求。好侵好奪。擄掠致富。巧詐求遷。賞罰不平。逸樂過節。苛虐其下。恐嚇於他。怨天尤人。呵風罵雨。鬥合爭訟。妄逐朋黨。用妻妾語。違父母訓。得新忘故。口是心非。貪冒於財。欺罔其上。造作惡語。讒毀平人。毀人稱直。罵神稱正。棄順效逆。背親向疏。指天地以證鄙懷。引神明而鑒猥事。施與後悔。假借不還。分外營求。力上施設。淫欲過度。心毒貌慈。穢食餧人。左道惑衆。短尺狹度。輕秤小升。以僞雜真。採取奸利。壓良爲賤。謾驀愚人。貪婪無厭。咒詛求直。嗜酒悖亂。骨肉忿爭。男不忠良。女不柔順。不和其室。不敬其夫。每好矜誇。常行妒忌。無行於妻子。失禮於舅姑。輕慢先靈。違逆上命。作爲無益。懷挾外心。自咒咒他。偏憎偏愛。越井越竈。跳食跳人。損子墮胎。行多隱僻。晦臘歌舞。朔旦號怒。對北涕唾及溺。對竈吟詠及哭。又以竈火燒香。穢柴作食。夜起裸露。八節行刑。唾流星。指虹霓。輒指三光。久視日月。春月燎獵。對北惡罵。無故殺龜打蛇。如是等罪。司命隨其輕重。奪其紀算。算盡則死。死有餘責。乃殃及子孫。又諸橫取人財者。乃計其妻子家口以當之。漸至死喪。若不死喪。則有水火盜賊。遺亡器物。疾病口舌諸事。以當妄取之值。又枉殺人者。是易刀兵而相殺也。取非義之財者。譬如漏脯救飢。鴆酒止渴。

非不暫飽。死亦及之。

夫心起於善。善雖未爲。而吉神已隨之。或心起於惡。惡雖未爲。而凶神已隨之。其有曾行惡事。後自改悔。諸惡莫作。衆善奉行。久久必獲吉慶。所謂轉禍爲福也。故吉人語善。視善。行善。一日有三善。三年天必降之福。凶人語惡。視惡。行惡。一日有三惡。三年天必降之禍。胡不勉而行之。

音頻二維碼

太上感應篇

太上曰。禍福無門。惟人自召。善惡之報。如影隨形。是以天地有司過之神。依人所犯輕重。以奪人算。算減則貧耗。多逢憂患。人皆惡之。刑禍隨之。吉慶避之。惡星災之。算盡則死。又有三台北斗神君。在人頭上。錄人罪惡。奪其紀算。又有三尸神。在人身中。每到庚申日。輒上詣天曹。言人罪過。月晦之日。竈神亦然。

凡人有過。大則奪紀。小則奪算。其過大小有數百事。欲求長生者。先須避之。

是道則進。非道則退。不履邪徑。不欺暗室。積德纍功。慈心於物。忠孝友悌。正己化人。矜孤恤寡。敬老懷幼。昆蟲草木。猶不可傷。宜憫人之凶。樂人之善。濟人之急。救人之危。見人之得。如己之得。見人之失。如己之失。不彰人短。不炫己長。遏惡揚善。推多取少。受辱不怨。受寵若驚。施恩不求報。與人不追悔。所謂善人，人皆敬之，天道佑之，福禄隨之，衆邪遠之，神靈衛之，所作必成，神仙可冀。欲求天仙者，當立一千三百善；欲求地仙者，當立三百善。

苟或非義而動，背理而行，以惡爲能，忍作殘害，陰賊良善，暗侮君親，慢其先生，叛其所事，誑諸無識，謗諸同學，虛誣詐僞，攻訐宗親，剛强不仁，狠戾自用，是非不當，向背乖宜，虐下取功，諂上希旨，受恩不感，念怨不休，輕蔑天民，擾亂國政，賞及非義，刑及無辜，殺人取財，傾人取位，誅降戮服，貶正排賢，凌孤逼寡，棄法受賂，以直爲曲，以曲爲直，入輕爲重，見殺加怒，知過不改，知善不爲，自罪引他，壅塞方術，訕謗聖賢，侵凌道德，射飛逐走，發蟄驚棲，填穴覆巢，傷胎破卵，願人有失，毀人成功，危人自安，減人自益，以惡易好，以私廢公，竊人之能，蔽人之善，形人之醜，訐人之私，耗人貨財，離人骨肉，侵人所愛，助人爲非，逞志作威。辱人求勝。敗人苗稼。破人婚姻。苟富而驕。苟免無恥。認恩推過。嫁禍賣惡。沽買虛譽。包貯險心。挫人所長。護己所短。乘威迫脅。縱暴殺傷。無故剪裁。非禮烹宰。散棄五穀。勞擾眾生。破人之家。取其財寶。決水放火。以害民居。紊亂規模。以敗人功。損人器物。以窮人用。見他榮貴。願他流貶。見他富有。願他破散。見他色美。起心私之。負他貨財。願他身死。干求不遂。便生咒恨。見他失便。便說他過。

見他體相不具而笑之．見他才能可稱而抑之．埋蠱厭人．用藥殺樹．恚怒師傅．抵觸父兄．強取強求．好侵好奪．擄掠致富．巧詐求遷．賞罰不平．逸樂過節．苛虐其下．恐嚇於他．怨天尤人．呵風罵雨．鬥合爭訟．妄逐朋黨．用妻妾語．違父母訓．得新忘故．口是心非．貪冒於財．欺罔其上．造作惡語．讒毀平人．毀人稱直．罵神稱正．棄順效逆．背親向疏．指天地以證鄙懷．引神明而鑒猥事．施與後悔．假借不還．分外營求。力上施設。淫欲過度。心毒貌慈。穢食餧人。左道惑衆。短尺狹度。輕秤小升。以僞雜真。採取奸利。壓良爲賤。謾驀愚人。貪婪無厭。呪詛求直。嗜酒悖亂。骨肉忿爭。男不忠良。女不柔順。不和其室。不敬其夫。每好矜誇。常行妒忌。無行於妻子。失禮於舅姑。輕慢先靈。違逆上命。作爲無益。懷挾外心。自呪呪他。偏憎偏愛。越井越竈。跳食跳人。損子墮胎。行多隱僻。晦臘歌舞。朔旦號怒。對北涕唾及溺。對竈吟詠及哭．又以竈火燒香．穢柴作食．夜起裸露．八節行刑．唾流星．指虹霓．輒指三光．久視日月．春月燎獵．對北惡罵．無故殺龜打蛇．如是等罪．司命隨其輕重．奪其紀算．算盡則死．死有餘責．乃殃及子孫．又諸橫取人財者．乃計其妻子家口以當之．漸至死喪．若不死喪．則有水火盜賊．遺亡器物．疾病口舌諸事．以當妄取之值．又枉殺人者．是易刀兵而相殺也．取非義之財者．譬如漏脯救飢．鴆酒止渴．

非不暫飽。死亦及之。

夫心起於善。善雖未爲。而吉神已隨之。或心起於惡。惡雖未爲。而凶神已隨之。其有曾行惡事。後自改悔。諸惡莫作。衆善奉行。久久必獲吉慶。所謂轉禍爲福也。故吉人語善。視善。行善。一日有三善。三年天必降之福。凶人語惡。視惡。行惡。一日有三惡。三年天必降之禍。胡不勉而行之。

圖書在版編目（CIP）數據

三字經　百家姓　千字文　弟子規　太上感應篇 /
北京華夏文化藝術研究院選編．-- 北京 ：文物出版社，
2020.6（2021.6 重印）
（華夏傳統文化經典系列）
ISBN 978-7-5010-6696-4

Ⅰ．①三… Ⅱ．①北… Ⅲ．①古漢語－啓蒙讀物②道
藏 Ⅳ．① H194.1 ② B951

中國版本圖書館 CIP 數據核字（2020）第 089106 號

華夏傳統文化經典系列：三字經　百家姓　千字文　弟子規　太上感應篇

選　　編：北京華夏文化藝術研究院

策　　劃：北京華夏文化藝術研究院
責任編輯：劉永海
責任印製：蘇　林
封面設計：石　冰　鐘尊朝

出版發行：文物出版社
地　　址：北京市東城區東直門内北小街 2 號樓
郵　　編：100007
網　　址：http://www.wenwu.com
經　　銷：新華書店
印　　刷：三河市華東印刷有限公司
開　　本：710mm × 1000mm　1/16
印　　張：9.125
版　　次：2020 年 6 月第 1 版
印　　次：2021 年 6 月第 2 次印刷
書　　號：ISBN 978-7-5010-6696-4
定　　價：358.00 元（全十册）
